はじめに

　川や海、池など、水遊びができる場所は、思ったよりたくさんあります。

　町の中に住んでいても、公園の池や噴水で楽しそうに遊ぶ子たちを見かけることがあります。

　水辺にはワクワクするような楽しいことが、たくさん広がっているのです。

　この本では、水遊びをもっと楽しくするための「水辺の工作」を紹介します。

　たとえば、葉っぱの舟を水に浮かべたり、タンポポの茎で作る水車を回したりするのも面白いでしょう。

　ペットボトルで作る水鉄砲は簡単に作れるので、友だちや家族といっしょに遊ぶのにぴったりです。

　また、水辺で拾ったもので作る工作も楽しいです。

　たとえば、キレイな貝殻で作る小物入れや、川で拾った石に絵を描くストーンアートなど、自然のものを使った工作を紹介します。

　自分だけのすてきな作品を作れば、大切な思い出にもなります。

　水辺の工作は、自然とふれあいながら楽しめるのが良いところです。

　自分の手で作ったもので遊ぶ面白さを感じながら、水遊びの思い出をもっと増やしてみませんか？

　この本を読んで、新しい遊びのアイデアを見つけて、家族や友だちと一緒に楽しい時間をすごしてください。

I/O編集部

目　次

はじめに ………………………………………………………………………… 3

第1章　水遊びの工作

[1-1] ペットボトルで簡単水鉄砲 …………………………… 8
[1-2] 牛乳パックの水中めがね ……………………………… 14
[1-3] 可愛いふわふわスポンジ人形 ………………………… 19
[1-4] ゴムの力で動く船 ……………………………………… 28

第2章　草の工作

[2-1] 簡単に作れる笹舟 ……………………………………… 38
[2-2] タンポポの茎でミニ水車 ……………………………… 45

第3章　石や砂の工作

[3-1] 石ころアートの作り方 ………………………………… 50
[3-2] 石ころアートのかたつむりの作り方！ ……………… 54
[3-3] アクリル絵具と砂で作るカラーサンド ……………… 57

第4章　貝殻やシーグラスの工作

[4-1] 漂着物で作る箱水族館 ………………………………… 68
[4-2] モザイクタイル風貝殻小物入れ ……………………… 82
[4-3] 貝殻とシーグラスを使った木製キーフック ………… 89
[4-4] 貝殻で手作りキャンドル ……………………………… 98

ふろく　保護者の方へ -ビーチコーミングとは-

[ふろく1] ビーチコーミングのすすめ ………………………… 123
[ふろく2] 何もとれなくても ………………………………… 124
[ふろく3] ビーチコーミングの注意点 ……………………… 125
[ふろく4] 貝殻の洗浄方法など ……………………………… 128
[ふろく5] 自由研究のヒント -観察する- …………………… 129
[ふろく6] 自由研究のヒント -工作- ………………………… 137
[ふろく7] 自由研究のヒント -SDGsについて考える- ……… 140

さくいん ……………………………………………………………………… 142

●各製品名は、一般的に各社の登録商標または商標ですが、®およびTMは省略しています。
●本書に掲載している製品の情報は執筆時点のものです。今後、価格や利用の可否が変更される可能性もあります。

第1章
水遊びの工作

ここでは水鉄砲や水中めがねなどの、水遊びで使えるおもちゃの作り方を紹介します。
身近にある材料で簡単に作れるものばかりなので、すぐに作って遊べます。

1-1 ペットボトルで簡単水鉄砲

外でもお風呂場でも、手軽に遊べて簡単に作れちゃうペットボトルの水鉄砲の作り方を紹介します。

筆者	●好奇心旺盛パパ(岡田　剛)
サイト名	●子どもと一緒に楽しく作れるおもちゃ
記事名	●ペットボトルで水鉄砲の作り方！簡単でよく飛ぶから超楽しい！
URL	●https://okapon-info.com/archives/13976

簡単に作れるペットボトル水鉄砲

水鉄砲の作り方

作り方を3分程度の動画に撮ったので、ぜひこちらも見てみてください。
穴の開け方などがよく分かると思います。

ペットボトルで水鉄砲の作り方！勢いよく飛ぶから楽しいよっ♪
https://youtu.be/OvyhnFpDnFk?si=oy3hS7Tv69_UE2ij

必要な道具と材料

必要な道具と材料はこちらです。

必要な道具

- ペットボトル
- ストロー
- キリ
- ドライバー
- ハサミ
- マスキングテープ

必要な道具

水鉄砲を作る

　それでは作り方を説明します。
　キャップに穴を開けるところだけ、少し力がいるので、お父さんやお母さんが作業をしたほうがいいかもしれません。

第1章 水遊びの工作

| 手順 | ペットボトル水鉄砲の作り方 |

1 穴を開ける

　ペットボトルキャップの真ん中に穴を開けます。最初にキリで小さな穴を開けましょう。

キリで穴を開ける

2 穴を広げる

　小さな穴を開けたら、ドライバーを使って少しずつ穴を大きくしていきます。

ドライバーで穴を広げる

　ペットボトルのキャップにストローが通る穴を開けるのは大変なので、大人の人に手伝ってもらいましょう。

3 ストローを通す

穴が開いたらストローを通します。

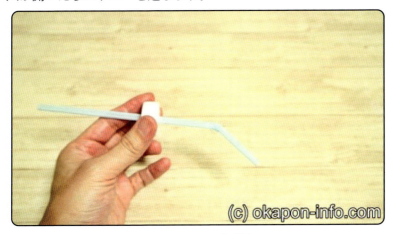

ストローをキャップに通す

4 キャップを本体につける

ストローを通したキャップをペットボトルにはめます。

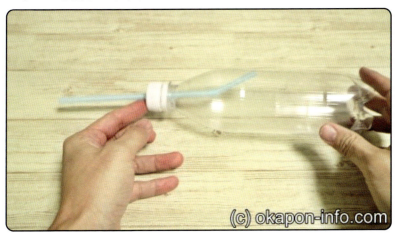

キャップを本体につける

5 飾り付ける

　ペットボトルにシールやマスキングテープを貼って好きなように飾りつけます。

シールなどで飾りつけ

飾りつけたペットボトル水鉄砲

6 水を入れる

ペットボトルに水を入れてフタをしたら完成です。

完成したペットボトル水鉄砲

遊び方

ペットボトルに水を入れてへこませてみましょう。
勢いよく水が飛び出します！
実は、次の写真のようにストローがなくても飛ばすことができます。
しかし、その場合はペットボトルを強めにつぶさないと水が勢いよく出ません。

ストローがないと水の勢いが弱くなる

ストローを入れたほうが簡単に水を出せるのでおすすめです！
とても簡単に作れるので、たくさん作って遊んでみましょう。
友達とどこまで飛ぶか競争してみても楽しいと思います！

1-2
牛乳パックの水中めがね

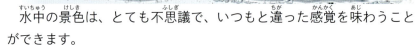

　水中の景色は、とても不思議で、いつもと違った感覚を味わうことができます。

　こちらのオモチャは、もぐれなくても水中の世界を楽しめるのがいいところ。

　身近な材料で作れるのもいいですね。

筆者	●Arina
サイト名	●おうちあそびより
記事名	●【水あそび】カンタン手作り！牛乳パックの水中めがねで遊ぼう！！
URL	●https://ouchiasobiyori.com/mizuasobi2/

牛乳パックの水中めがね

用意するもの

用意するものは次の通りです。

材料

- ラップ
- セロハンテープ
- ビニールテープ
- 牛乳パック
- ハサミ

用意するもの

飾りつけをするときは、水に強いテープ類や油性マジックなどを用意してください。

水中めがねを作ろう

手順 水中めがねの作り方

1 底と飲み口を切り取る

牛乳パックの底の部分と飲み口の部分を切り取ります。使うのは本体の部分だけです。

底と飲み口を切り取る

2 飾りつける

テープや油性マジックなどで、自由に飾りつけをします。

飾りつける

3 ラップを貼る

　必要な大きさのラップを用意し、隙間ができないように気をつけながら、ビニールテープで貼ります。

　牛乳パックの四隅に当たる部分はラップが破れやすいので、セロハンテープを貼って破れづらくします。

4 できあがり

　牛乳パックの水中めがねのできあがりです。

できあがった水中めがね

遊びかたとポイント

ラップを巻いたほうをそっと水に入れ、上からのぞきこんで遊びます。

＊

ラップを重ねると破れづらくなりますが、少し見えにくくなります。次の写真は、ラップを4枚重ねたものです。

ラップを4枚重ねた水中めがね

また、牛乳パックの上のほうに穴を開けてヒモを通し、持ち手を付けるのもおすすめです。

牛乳パックの上の部分に顔を直接くっつけるようになるので、ケガをしないように注意しましょう。

小さい子が遊ぶ場合には、上のほうをビニールテープや、100円ショップに売っている粘着式の保護テープなどでおおうとより安全です。

1-3
可愛いふわふわスポンジ人形

簡単に作れて、とても可愛い！水遊びのときに大人気の手作りオモチャです。

材料はスポンジと輪ゴムだけなので、100円ショップの材料ですぐに作ることができます。

お風呂やプールに浮かべたり、水を吸わせて絞ったり、魚釣りをしたりと、遊びかたは無限大！

シンプルなオモチャなので、発想次第でどんどん遊びがふくらみます。

筆者	●Arina
サイト名	●おうちあそびより
記事名	●【水あそび】切って結ぶだけ！ふわふわスポンジの簡単かわいい手作りオモチャ！！
URL	●https://ouchiasobiyori.com/mizuasobi2/

ふわふわスポンジ人形

第1章 水遊びの工作

用意するもの

用意するものは次の通りです。

材料

- スポンジ(ソフトタイプのもの)
- 輪ゴム
- ハサミ
- 油性マジック(顔を描く場合)

用意するもの

ふわふわスポンジオモチャの作り方

手順 サカナの作り方

1 スポンジを切る

線の通りに、ハサミでスポンジを切ります。
切り方によって頭の形が変わるので、丸くしたり、鋭くしたりすると個性がでます。

スポンジを切る

2 シッポを輪ゴムで結ぶ

シッポの付け根の部分を、輪ゴムでしっかりと結びます。

シッポを輪ゴムで結ぶ

3 顔を描いてできあがり

自由に顔を描いて完成です。

サカナのスポンジ人形のできあがり

手順 イカの作り方

1 ハサミでスポンジを切る

　線の通りに、ハサミでスポンジを切ります。足が10本になるようにします。

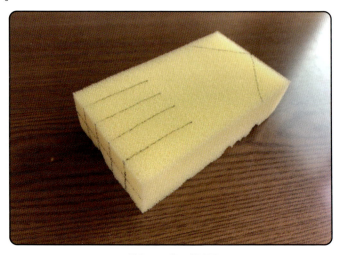

ハサミでスポンジを切る

2 足の付け根を輪ゴムで結ぶ

足の付け根の部分を、輪ゴムでしっかりと結びます。

足の付け根を輪ゴムで結ぶ

3 顔を描いてできあがり

自由に顔を描いて完成です。

イカのスポンジ人形のできあがり

手順　タコの作り方

1　ハサミでスポンジを切る

　線の通りに、ハサミでスポンジを切ります。頭は丸く、足は8本になるようにします。

ハサミでスポンジを切る

2　足の付け根を輪ゴムで結ぶ

　足の付け根の部分を、輪ゴムでしっかりと結びます。

足の付け根を輪ゴムで結ぶ

3 顔を描いてできあがり

自由に顔を描いて完成です。

タコのスポンジ人形のできあがり

手順 カニの作り方

1 ハサミでスポンジを切る

線のとおりに、ハサミでスポンジを切ります。ハサミと足を作るので、片側6つずつになるように切ります。

ハサミでスポンジを切る

2 足の付け根を輪ゴムで結ぶ

両足の付け根の部分を、輪ゴムでしっかりと結びます。上側2つと下側4つに分けて結び、それぞれハサミと足にします。

足の付け根を輪ゴムで結ぶ

3 顔を描いてできあがり

自由に顔を描いて完成です。

カニのスポンジ人形のできあがり

ポイント

スポンジは、やわらかいソフトタイプのものを使いましょう。メラミンスポンジは肌を傷つける可能性があります。

ハサミで手を切ったり、スポンジのカケラや切れた輪ゴムを間違って飲みこんだりしないように気をつけましょう。

＊

水に入れずに遊ぶ場合は、丸シールで目をつけても可愛いです。

また、スポンジを半分にするなど、サイズを変えると、いろいろなスポンジ人形が作れます。

ビニールプールやお風呂に浮かべて、魚釣りを楽しむこともできます。

手順　魚釣りの遊び方

1　人形にマジックテープやクリップをつける

スポンジで作った海の生き物に、マジックテープやクリップをしっかりと付けます。

2　釣り竿を作る

棒（わりばしでもOK）に糸を結び、その先にマジックテープや磁石を付けます※。

3　スポンジ人形を釣る

水に浮かべて、魚釣りを楽しみましょう。

※糸の長さや磁石の大きさは、お子さんの発達に合わせて、危険がないように決めてください。

【1-3】
可愛いふわふわスポンジ人形

1-4
ゴムの力で動く船

前に、子どもにお願いされて牛乳パックの船を作ったのですが、あっというまに壊れました。
原因は牛乳パックの切った部分から水がしみてきたこと。
今回は水に強くするために、ペットボトルで船を作ります。

筆者	●ももＧＸ
サイト名	●もぼにゃのらぼらとり
記事名	●ゴム動力の船(ペットボトル)：自由工作
URL	●http://momogx.com/2017/11/gomudouryoku-4/

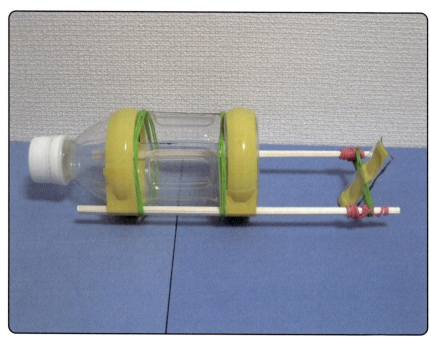

ペットボトルの船

材料と道具

使う材料と道具は次の通りです。

材料

- ペットボトル
- わりばし
- 輪ゴム
- ビニールテープ

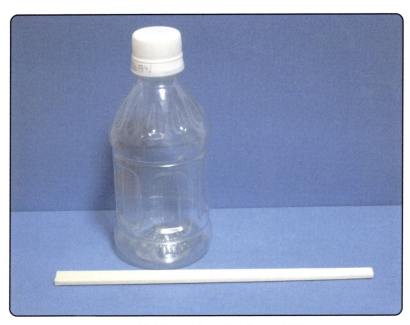

ペットボトルはこのくらいのサイズのものを使う

道具

- カッター
- 定規
- マジックペン

ペットボトルの船を作る

それでは作り方を説明します。

手順　ペットボトル船の作り方

1　ペットボトルを切る

切り取る部分にマジックで線を引きます。

ペットボトルを切る

切り取った部分は後でプロペラに使います。

切り取った部分はプロペラになる

2 わりばしをつける

わりばしを割って、輪ゴムで左右に1本ずつつけます。

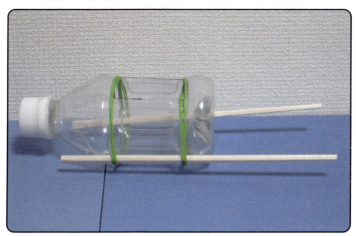

わりばしをつける

3 固定する

さらにビニールテープで固定していきます。

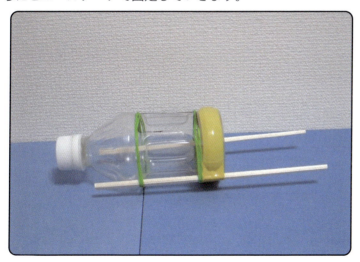

ビニールテープで固定

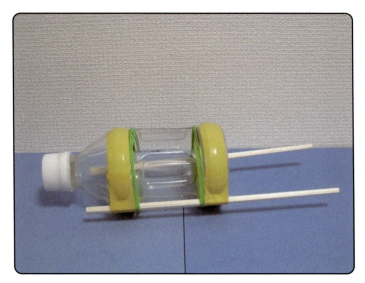

輪ゴムもテープも前と後ろの2か所につける

4 輪ゴムをかける

わりばしに、輪ゴムをかけます。

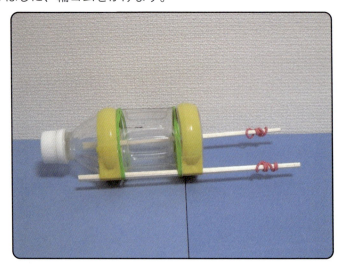

輪ゴムをかける

5 プロペラを作る

[1-4] ゴムの力で動く船

切り取った部分に輪ゴムをかけて……。

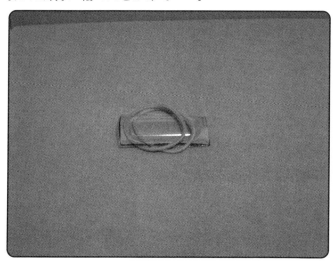

輪ゴムをかける

かけた輪ゴムをビニールテープで留めます。

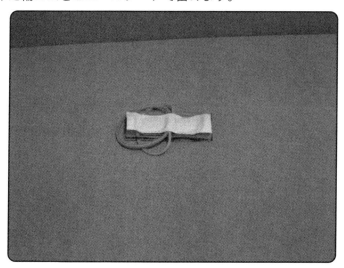

輪ゴムを留める

6 プロペラを取りつける

本体のわりばしにプロペラを取りつけます。

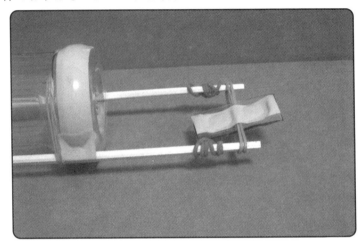

プロペラをつける

7 ゴムを巻きつける

プロペラが取れないようゴムを巻きつけます。

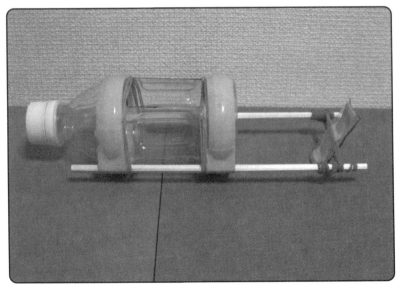

ゴムを巻きつける

これで完成です。

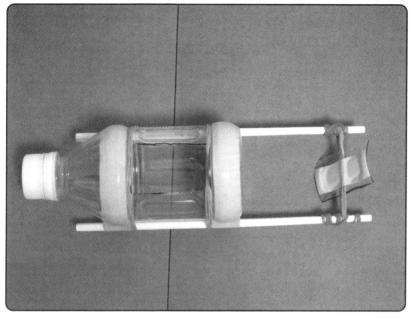

完成したペットボトルの船

プロペラがもっと大きいほうがよく進みます。

遊び方

プロペラを巻いて手を離せば前へ進みます。

プロペラを巻く

水に浮かべて手を離すとプロペラが回って進む

第2章
草の工作

　第1章で紹介した水遊びのおもちゃは水遊びをする前にお家などで作っておく必要があります。
　本章では水場の近くに生えている草を使って作れるような、簡単な遊び道具を紹介します。

2-1
簡単に作れる笹舟

お散歩先で笹を見つけると、ついつい作りたくなってしまう「笹舟」。娘と「どっちが倒れず遠くまで流れるか」と遊んだ日を懐かしく思い出したりしています。

流していると小さな子がよってきたので作り方を教えてあげると、とても喜んでくれました。

筆者	●hana
サイト名	●a piece of dream*
記事名	●七夕。簡単!笹船(ささぶね)の作り方(道具はいりません)
URL	●https://yumenokakera.com/archives/630

簡単に作れる笹舟

笹舟の材料

「笹舟(ささぶね)」は、公園(こうえん)などの笹で簡単(かんたん)に作れます(笹でなくても長(なが)い葉(は)っぱなら代(か)わりになります)。

子どもと一緒(いっしょ)に作(つく)って遊(あそ)んだら楽(たの)しいですよ。
七夕(たなばた)の季節(きせつ)でなくても楽しめるはずなので、ぜひ作ってみてください。

笹の葉は公園などに生(は)えている

簡単に作れる笹舟 [2-1]

笹舟を作る

それでは笹舟の作り方を説明していきます。

手順 笹舟の作り方

1 笹を用意する

まずは笹を1枚用意します。

笹を用意する

2 葉を折る

次に片方を折り曲げます。

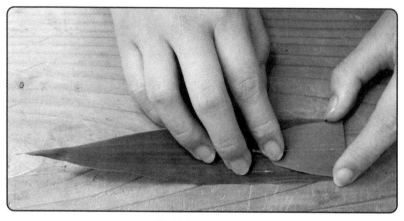

葉の片方を折り曲げる

3 葉を三等分する

折った側に三等分するように切れ目を入れます。

葉を三等分する

4 切った先を片方に挿しこむ

三等分したうちの両端の2つを手に取り、片方をもう片方の輪の中に挿し込みます。

切った先を片方に挿しこむ

[2-1] 簡単に作れる笹舟

5 反対側も同じようにする

葉の反対側も **[1]**〜**[4]** と同じようにすれば完成です。

反対側も同じようにする

*

とっても簡単に笹舟ができました。

笹舟のできあがり

笹舟を流してみよう

作った笹舟は流して遊びましょう。

せっかくなので、笹舟にはお花に乗ってもらいました。さぁ、出発です。

笹舟に花を乗せてみた

川の流れにのって、笹舟が流れていきました。

想像よりも早く流れていく

倒(たお)れるかと思いましたが、川の先(さき)まで見えなくなってしまいました。

*

以上、簡単に作れる笹舟の作り方を紹介(しょうかい)しました。

よかったら、作ってみてくださいね。

簡単に作れる笹舟

2-2 タンポポの茎でミニ水車

タンポポの茎で作った水車がクルクル回ります。
散歩の途中でとったタンポポの茎を使いました。

筆者	●千葉
サイト名	●一人暮らし 今日も和顔愛語で
記事名	●おうちでできる工作と遊び25 タンポポの茎の水車
URL	●https://ameblo.jp/kyoumoseikouudokude/entry-12586061035.html

タンポポの水車

材料と道具

使うものは、次の通りです。

・タンポポの茎(太いほうが使いやすい)
・つまようじ(針金や竹ひごでもOK)
・カッターナイフ

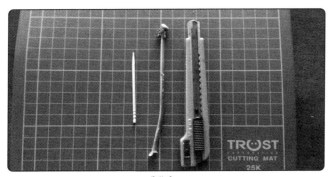

使う材料と道具

タンポポの水車を作る

水車の作り方を説明していきます。

手順　タンポポの茎の水車の作り方

1　タンポポの茎を切る

まず、タンポポの茎を適当な長さに切り、さらに、切り目を入れていきます。

4つに裂くように切り目を入れましょう。

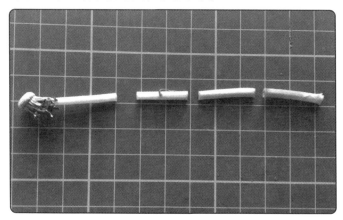

今回は4つに切った

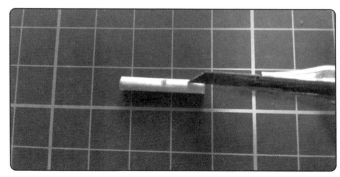

茎に切り目を入れる

2 水につける

切り目を入れた茎を水につけます。
そうすると、裂いた部分がめくれてきます。

茎を水につける

3 つまようじに通す

これを、つまようじに通します。2個つけてみました。

つまようじに通す

遊び方

蛇口から水を細く出して、茎にあてるとクルクルと回ります。

水をあてると回る

*

子どものころ、田んぼの畔で遊んだのを思い出して作ってみました。そのころは細い用水路の水の流れで遊んだものです。

第3章
石や砂の工作

ここでは石や砂を使って、ちょっとしたアートを作る方法を紹介します。川や海で遊びに行ったときなどに、川原の石ころや砂浜の砂を持って帰って材料にすれば、きっとすばらしい思い出の品ができあがりますよ!

3-1
石ころアートの作り方

　ここでは、石ころ工作をしたいとき、石どうしや石と木など、くっつきにくい素材を使って作品をつくりたいときに便利なボンドやペンを紹介します。

筆者	●Yuri
サイト名	●いんすぴなび
記事名	●石ころアート作り方｜石と石をくっつける接着剤・ボンドや色塗りペン
URL	●https://inspinavi.com/101/

石ころをくっつけて作ったサカナ

　小学生の子どもさんが「夏休みの自由研究などで石を使った工作をしてみたい！」というとき、
「あれ？　石どうしって、どうやったらくっつくのかな……」
という疑問にぶつかると思います。

　普通の木工用ボンドで試してみても、くっつかなくて困るかもしれません。
　私も最初は木工用ボンドやグルーガンなどで石と石をくっつけようと試してみて、上手くいきませんでした。

[3-1] 石ころアートの作り方

石と石をくっつけたいときのボンド

接着剤の種類は、「多用途ボンド」を使っています。

こちらのボンドは、私が愛用しているアイテムです。

コニシ(株)が製造しているボンド「木工用多用途」

これがあれば、こんな作品も簡単に作れます。

石ころアート・アザラシの親子とサカナ

51

第3章 石や砂の工作

石ころアート・イヌとネコ

　イヌの耳と鼻も、多用途ボンドで石に石をくっつけています。
　くっつけたい部分どうしにボンドを塗って、数時間（できれば一晩）静かに置いておくと、しっかりくっつきます。

＊

　目などの顔のパーツは、油性の黒マジックペンやサインペンなどを使って描いています。

三菱鉛筆(株)のサインペン「ポスカ」

　石ころ作品の目など顔のパーツを描くとき、最近はアクリル絵具を使うことが増えました。
　まんまるの目を表現したいとき、アクリル絵具を使うとペンの場合よりも「ぷっくり」した印象に仕上がって可愛いです。

石ころアートの色塗りに使うペン

　石ころに色塗りをするとき「ポスカ」を使うと、石の素材がすっかり見えなくなるくらいしっかりと色がつく感じがします。

石ころアート・ニワトリとヒヨコ

　左側のヒヨコは黄色の油性ペン、右側のヒヨコは黄色のポスカを使って色を塗りました。

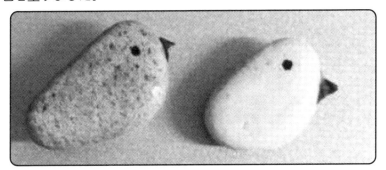

石ころアート・ヒヨコ

　石の色塗りに油性ペンを使った場合は、もとの石の素材が透けて見えるような仕上がり感で、個人的には油性ペンで色をつけるほうが「しっくり」くる場合が多いです。

　それでは、ぜひ石ころアートの作品づくりをお楽しみください。

3-2 石ころアートのかたつむりの作り方!

ここでは私のお気に入りの作品「かたつむり」を紹介します。自然素材の石と葉っぱでできる石ころ工作の作り方を見ていきましょう。

筆者	●Yuri
サイト名	●いんすぴなび
記事名	●石ころアート作品例と画像・かたつむりの作り方！自然素材の石と葉で工作
URL	●https://inspinavi.com/107/

石ころアート・かたつむり

石ころアート作品例・かたつむりの作り方

材料は次の通りです。

材料

- 丸い石(かたつむりのカラの部分になる)
- 平べったい石(かたつむりの体になる)
- 葉っぱの葉柄(押し花やドライフラワーのように乾燥させたもの)

葉柄は、葉っぱの下のほうについている持ち手のような部分です。

葉っぱのこの部分を葉柄と言う

　かたつむりの触覚として使うので、「目」のように見える、ポコッとした丸い形がはっきりしているものを選ぶといいでしょう。

手順　石ころアートのかたつむりの作り方

1　カラの位置を決めてくっつける

　今回のかたつむりの場合は、くっつける必要がある部分は一か所だけです。
　体になる平べったい石の上面に多用途ボンドを塗り、かたつむりのカラになる丸い石を乗せます。

　くっけたい部分どうしに多用途ボンドを塗って、数時間(できれば一晩)静かに置いておくと、しっかりくっつきます。

2　葉柄をくっつける

　カラの位置が決まったら、カタツムリの前と後ろを決めて、前側に、触覚になる葉柄をくっつけます。

第3章 石や砂の工作

　触覚部分のボンドが少し乾いてくるまで、手でおさえてあげると触覚が上を向いた良い感じに固定できます。

　石ころの質感によってくっつきにくい場合は、くっつける面をヤスリなどでこすってから接着するといいでしょう。

＊

　ここでは、自然素材の石ころと葉っぱでできる「かたつむり」の作り方を紹介しました。

　ぜひ、ちょうどいい大きさと形の石を探してみてください。
　川の下流のほうで石探しをすると、石ころ工作にぴったりのいろいろな小石を見つけやすいです。

　ただし、子どもさんが川辺で石ころ探しを行なうときは、必ず大人の人と一緒に行なってください。

3-3
アクリル絵具と砂で作るカラーサンド

　工作やお絵描きの時間に、色砂（カラーサンド）を使った活動をしたことはありませんか？

　ここでは、アクリル絵具を使って、自分で色砂を作る方法を説明します。

筆者	●あつみ
サイト名	●あつみ先生の保育日誌
記事名	●砂場の砂とアクリル絵具を使った色砂の作り方（手作りカラーサンド）
URL	●https://childcare-information.net/2017/11/23/color-sand/

　色砂があれば、表現の幅がとても広がります。

　色砂を使いたいだけなら、買ったほうが安いし早いですが、自分で作ることもできるので、作る工程を楽しみたい場合には、挑戦してみても面白いです。

色砂（カラーサンド）

アクリル絵具と砂で作るカラーサンド

色砂作りに使うものは以下の通りです。

材料

- 砂
- ふるい（＋ろうと）
- アクリル絵具
- 紙コップ
- ビニール袋
- 砂を乾かす器（バットや新聞紙など）
- 色砂を入れておく容器（ペットボトルなど）

手順　色砂の作り方

1 砂を手に入れる

まずは庭でもどこでもいいので、砂を手に入れます。
海に行ける人は、砂浜で集めると細かい砂粒を集めやすいです。

2 砂をふるいにかける

砂粒の大きさをそろえて、いらないものを取り除くために、ふるいやザルにかけていきます。

砂をふるいにかける

ふるいの目の細かさ、荒さによって、砂の粒の大きさが変わってきます。

作りたい作品や使いたい技法に合わせて、好みの大きさにしてみてください。

ふるいにかける量は必要な分だけ、根気良くやりましょう。

3 絵具などを用意する

必要な量の砂が用意できたら、色をつけていきます。

今回は、アクリル絵具を使います(安いもので大丈夫です)。

砂とアクリル絵具、紙コップ、ビニール袋を用意する

4 絵具を溶く

作りたい色砂の色を選び、絵具を溶いていきます。

ポイントとしては、あまり絵具を濃くしすぎないことです。

絵具を濃くしすぎると、後から固まりやすくなって、処理が面倒になります。

ただ、薄すぎてもだめなので、微妙な調整が必要です。

第3章 石や砂の工作

絵具はあまり濃くしすぎないように

5 砂に絵具を混ぜる

　ビニール袋に、作りたい量の砂を入れます。

　乾かすときにどうしても減ってしまうので、このときは必要な量よりも多めに入れておきましょう。

砂に絵具を混ぜる

6 砂に色をつける

砂を入れた袋にアクリル絵具を溶いた水を入れて、よくもみます。

よくもむ

しばらく置いておきましょう。

しばらく置いておく

7 砂を乾かす

次に、砂を乾かしていきます。
今回は、バットに新聞紙を広げてみました。

バットに新聞紙をしく

砂をバットにしっかり広げたら、カラカラに乾くまで置いておきます。

砂をバットに広げる

[3-3] アクリル絵具と砂で作るカラーサンド

カラカラになるまで乾かす

8 砂を容器に入れる

色砂が乾いたら、回収(かいしゅう)していきましょう。

このときの色砂は乾いて固まっているので、もう一度ふるいにかけて、細かくしてやる必要があります。

ふるい、ろうとなどを組み合わせると容器に入れやすい

色ごとにペットボトルなどの容器に入れておきましょう。

砂を容器に入れる

＊

乾かすときに、バットや新聞紙にはりついてしまったり、こぼれ落ちるものもあるので、用意した砂よりも、完成した量は少なくなります。

できあがった色砂

工作やお絵描きなどに使える色砂

　色砂は、いろんなアイデアに応用できます。
　いつもの工作が、より素敵なものになりますよ。

水溶きのりで線画を書く砂絵・サンドアート

　定番の砂絵やサンドアートを楽しみましょう。
　サンドアートでいちばん簡単なのは、水溶きのりやボンドで絵を描いていくことです。
　のりやボンドが乾かないうちに、パラパラと色砂を振りかけて、トントンと余計な砂をはらうと、絵が浮き出るような感覚が、とても楽しいですよ。

　色をたくさん使うときは、水溶きのりで絵を描いて色砂を振りかける作業を1色ずつしていく必要があります。
　逆にグラデーションなどをつけたいときは、他の色の砂も混ぜてみるなどのやり方があります。応用や工夫次第です。

　しっかり絵にしたい場合は、色鉛筆などで下書きをするのがおすすめ。
　「まずは赤のところだけのりを塗る」「のりで線を引く」など、分かりやすくなります。

　面を塗るときは、ヘラなどを使ってのりを伸ばしてください。

ボンドスタンプの上からサラサラ！色砂スタンプが楽しい

　ボンドスタンプは楽しいのでおすすめです。

　ラップの芯や、ペットボトルのキャップなどを使った定番のスタンプ遊びですが、この場合は絵具ではなく、ボンドやのりをスタンプします。
　その上から色砂をサラサラと振りかけると、普通のスタンプ遊びとはまた違った仕上がりになります。

[3-3] アクリル絵具と砂で作るカラーサンド

65

色砂を買うときの注意点

　色砂を手作りすることは簡単なのですが、ここまで見てきたように、けっこう手間がかかります。
　色砂を作ることを楽しむのであればいいのですが、使いたいだけならば、何時間もかけて作るよりも、買ったほうが手っ取り早いです。

　ただ、買うときの注意点としては、買う前に、砂粒の大きさなどを確認することです。
　砂の細かさや荒さによって、できることが変わってきます。

　また、必要な量を間違えると、思ったより多すぎて余ってしまうこともあります。
　線画ならそこまで量は必要ありませんし、逆に面を多く使いたいのであれば、けっこうな量が必要です。
　このように、どんな作品を作りたいかによって、必要な色砂の量は変わります。

　工作の素材としては、とても楽しい色砂。ぜひ、使って楽しんでみてくださいね。

第4章
貝殻やシーグラスの工作

ここでは海辺で手に入る貝殻やシーグラスなどを使った工作を紹介します。
　海遊びで拾った貝などを素材にすれば、世界に一つだけの思い出の品ができあがることでしょう。
　また、最近は貝殻などの詰め合わせが100円ショップや雑貨店で売られていることも多いので、海に行きたくない人でも作ることができます。

4-1
漂着物で作る箱水族館

ビーチコーミングとは、海岸に打ち上がる漂着物を拾うことで、貝拾いやシーグラス拾いが特に人気です。

我が家では神奈川県相模湾を中心とした海でビーチコーミングをするので、貝殻が家に増えてきました。

そこで、海辺で拾ってきた貝や海藻で、子どもと一緒に箱水族館を作ってみました。

貝や海藻の名前を調べて小学生の自由研究にするのもおすすめです。

筆者	●Hiro
サイト名	●子どもに笑顔を
記事名	●【子ども工作】ビーチコーミングで拾った貝が箱水族館に！～自由研究にも◎
URL	●https://smilekodomo.com/shell-aquarium/

下準備と海藻押し葉のつくり方

特に春の浜では、引き潮のときに海藻が打ち上がることが多いです。

今回はカラフルな海藻を拾ったので、押し葉にして箱水族館の背景に使ってみることにしました（押し葉の作り方は『小学館NEO POCKET 海辺の生物』を参考にしました）。

背景は海藻押し葉でなくても、お好みのものでもいいでしょう。

また、海藻の標本を作って、小学生の自由研究にすることもできます。

＊

押し葉を作るために準備するものは次の通りです。

準備するもの

・バット ・台紙（画用紙）　・海藻　・タオル
・つまようじやピンセット　・ハサミ　・水切り板　　・牛乳パック
・ダンボール　　・吸い取り紙（新聞紙やチラシなど）　・重石

[4-1] 漂着物で作る箱水族館

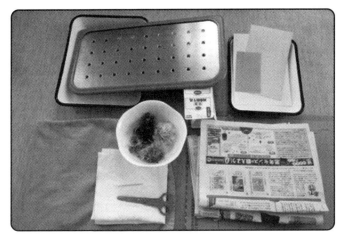

準備するもの

手順 海藻押し葉の作り方

1 台紙(画用紙)を濡らす

水を入れたバットに台紙を浸して濡らしておきます。

2 使う海藻を水に浮かべて選ぶ

バットなどに水を入れ、海藻を浮かべます。
水に浮かんでふわっと葉が広がるような海藻が作りやすいです(今回は葉が固くあまり適していない海藻でした)

3 濡らした台紙の上に海藻を置く

水に浸した台紙をタオルの上に置き、台紙の上に海藻を乗せて、つまようじやピンセットなどで貼りつけながら絵や字を描きます。

このとき、台紙の水分で海藻が浮いていると自由に動かせるので作りやすいです。
(今回は固めの海藻だったため、つまようじで押しても台紙になかなか密着しませんでした)

第4章 貝殻やシーグラスの工作

濡らした台紙の上に海藻を置く

4 台紙の水を切る

　スノコなどを壁に立てかけたり、下に何かを置いて傾きをつけ、その上に台紙を乗せて5分くらい水切りします。
　今回はスノコの代わりに食器の水切り板を使い、下に牛乳パックを置いて傾きを作りました。

台紙の水を切る

5 台紙をダンボールではさむ

　ダンボールの上に吸い取り紙（新聞紙やチラシなど）を敷いて、その上に台紙を乗せます。

下からダンボール、吸い取り紙、台紙の順に重ねる

　海藻が紙につかないように、その上に布を被せます。
　さらにその上に、吸い取り紙、ダンボールの順に乗せましょう。

台紙をダンボールではさむ

[4-1] 漂着物で作る箱水族館

6 重石を乗せて乾燥させる

　ダンボールの上に重石（今回は図鑑3冊）を乗せ、ダンボールに横から扇風機などで風をあてて2～3日乾燥させます。

重石を乗せて乾燥させる

　今回は乾燥までに、小さな海藻で1日、厚みのあるもので3日かかりました。

7 乾燥後、布をはがして完成

　乾燥したら、そっと布をはがします。
　今回は海藻の種類が悪かったせいか、ほとんど台紙にくっつかずに布のほうについてしまいました。
　台紙につかなかった場合は、のりなどで貼りましょう。

乾燥後、布をはがして完成

台紙に海藻がつけば完成です！
　この上から、100円ショップでも売っているシール状のラミネートフィルムなどを貼ると色持ちが良くなります。

ラミネートフィルムなどを貼ると色持ちが良くなる

海藻が台紙につかないときは

　基本的には、のりで貼りますが、今回は、のり以外の接着方法も紹介します。
　箱水族館の台紙は、子どもと一緒にボンドで接着します。

　あまった海藻押し葉は、デコパージュ※風にしてみます。
（100円ショップダイソーのデコパージュ専用液オールマイティを使用）

> ※デコパージュとは絵が描かれた紙を切り抜いて小物や家具に貼りつけてデコレーションする手芸のこと。
>
> 　台紙の上に原液を薄く塗り、その上に海藻押し葉を乗せます。
> つまようじやピンセットを使ってしっかり密着させるとキレイにできます。

第4章 貝殻やシーグラスの工作

海藻押し葉をデコパージュ風にする

つまようじなどを使って台紙に密着させる

最後(さいご)に上からもう一度(いちど)原液を薄く塗り、表面(ひょうめん)をコーティングします。

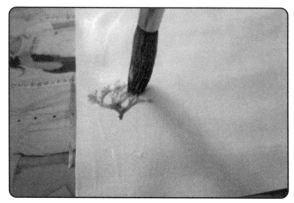

表面をコーティング

乾かせば完成です。

＊

今回は、工作用紙(こうさくようし)に台紙を貼って、カラーダンボールで縁取(ふちど)りしました。

（工作用紙もカラーダンボールも100円ショップダイソーで調達(ちょうたつ)しました）

台紙を貼って、カラーダンボールで縁取り

第4章 貝殻やシーグラスの工作

ちなみに、「雪山」と「サバンナの夕日」という題名をつけて、息子に見せたところ、ダメだしされてしまいました……。
海藻は絶対に海じゃないとダメだそうです。

息子の手直しが入り、最後はこんな作品になりました！

デコパージュ風の海藻押し葉

箱水族館の作り方

準備もできたところで、いよいよ箱水族館を作っていきましょう。
材料は次の通りです。

材料

・背景用の色画用紙
・空き箱
　ベース用に1つ、支え用に1つ使います。
・糸
　今回はビーズのテグス。
・糸の先につけるもの
　今回はペットボトルのフタ。
・水族館にぶら下げるもの
　今回はプラ板。
・油性マジック
・飾り
　今回は貝と海藻押し葉。
・接着剤
　今回はボンドとグルーガン。
・セロテープ
・両面テープ
・穴を開ける道具
　穴開けパンチやキリなど。

手順 箱水族館の作り方

1 箱水族館の背景を作る

空き箱の底に両面テープやのりを使って背景用の色画用紙を貼ります。背景はお好みで飾りましょう。今回は海藻押し葉をボンドで貼りました。海藻の上からも指でボンドを塗り、表面をコーティングしておきます。

箱水族館の背景を作る

2 箱水族館の上部に穴を開ける

ベース用の空き箱上部に、穴開けパンチやキリで穴を数か所開けます（今回は3か所）。

箱水族館の上部に穴を開ける

一つ穴の穴開けパンチは、もっていると工作に便利です。

3 支え用の空き箱を取り付ける

箱水族館の裏側に支え用として小さめの空き箱を取りつけます。今回は両面テープとセロテープで固定しました。

支え用の空き箱を取り付ける

4 ぶらさげ用の生き物を作る

今回は油性マジックでサンゴやサカナを描いてプラ板を作りました。糸を通す穴を作っておくと便利です。

5 糸の先の留め具を用意する

今回はペットボトルのフタにキリで穴を開けて留め具にします。糸を留められるものなら何でもOKです。

糸の先の留め具を用意する

[4-1] 漂着物で作る箱水族館

79

糸はテグスを使っています。ペットボトルのフタに開けた穴にテグスを入れ、結び目を作ってからセロテープで固定しました。

6 糸の先に[4]で作った飾りをぶら下げる

糸の長さを調整しながら、[4]で作った飾りの穴に糸を通して結びつけます。

7 箱の中に貝を貼り付ける

今回はビーチコーミングで拾った貝をボンドで接着しました。

ただし、箱の側面についている貝（フジツボ）だけは、100円ショップダイソーのグルーガンを使っています。

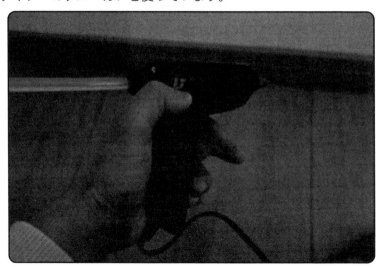

グルーガン

グルーガンとは、樹脂のスティックを熱で溶かして接着する工作の道具のことです。

後ろから樹脂スティックを挿しこんで、レバーを握れば溶けた接着剤が先から出てきます。

すぐに冷めるので、接着時間が短くなり、とても便利で簡単です。

コツはしっかり温めてから使うことと、冷める前に手早く接着することです。

8 できあがり

完成したものがこちらです。

完成した箱水族館

　ペットボトルのフタを上下させると飾りが動くようになっています。

4-2
モザイクタイル風貝殻小物入れ

貝殻は自然の色や模様が美しいので、割れた貝殻のカケラでも使い方次第で、充分に工作に使えます。

ここでは、子どもと一緒にビーチコーミングで集めた、割れたり欠けたりした貝殻と軽量紙粘土を使って、簡単な「モザイクタイル風貝殻小物入れ」を作ります。

筆者	●Hiro
サイト名	●子どもに笑顔を
記事名	●【貝殻工作】『モザイクタイル風！小物入れ』の作り方〜貝殻の接着方法も！
URL	●https://smilekodomo.com/shell-canbox/

もちろん、市販の割れていない貝殻を使ってもOKです！

接着しにくい貝殻をしっかり接着する方法なども説明していきます。

工作した後は、アクセサリーを入れたり、子どもの宝物を入れたりしてどんどん使ってみてください。

材料＆用意するもの

使う材料は次の通りです。

材料

・**貝殻**
今回は、神奈川県の三浦半島にある和田長浜海岸で拾った割れたり欠けたりしている貝殻を使いました。
・**フタつき容器**
今回は円柱状のカンを使用。
・**軽量紙粘土**

今回は100円ショップで買いました。インターネットでも200円ほどで買えます。

通常の紙粘土だと、重くてフタが開けにくく、ニスも必要なので、できれば軽量紙粘土がいいと思います。

道具類

- 工作用ボンド
- 開いた牛乳パック
  粘土板として使用。
- 絵具
  紙粘土の色を着けるために使用。
- マスキングテープ

  あればでOK。

装飾に使う材料の例（今回使った材料）

- スパンコール
- スパンコールテープ
- 銅ワイヤー0.28mm

  100円ショップダイソーで買いました。

「モザイクタイル風貝殻小物入れ」の作り方と貝殻の接着方法

手順 「モザイクタイル風貝殻小物入れ」の作り方

1 軽量紙粘土を着色する

今回は、ベースの容器となるカンと同じような色にするため、軽量紙粘土に少量の絵具(色：ビリジアン)を入れてこねました。

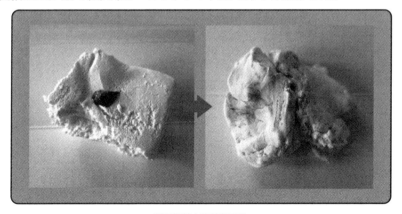

軽量紙粘土を着色する

[4-2] モザイクタイル風貝殻小物入れ

第4章 貝殻やシーグラスの工作

乾燥気味の場合には、軽く濡れた手でこねると復活します。
また、汚れた手を拭く濡れ雑巾などを用意しておくと、作業効率が良くなります。

2 ベースの容器のフタに軽量紙粘土を貼りつける

軽量粘土のくっつく力を上げるために、フタの上の面には工作用のボンドを塗っておきましょう。

側面は、マスキングテープを巻いて保護しておくと仕上がりがキレイです。
ないならば汚れた所を濡れ布巾で拭き取ればOKです。

容器のフタに軽量紙粘土を貼りつける

軽量紙粘土は、フタに塗ったボンドの上に押しつけ、お好みの形にしてください。

3 貝殻を貼りつける

貝殻の裏に少し工作用ボンドをつけてから、軽量紙粘土の中に軽く押しこみます。

中が空洞で貝殻の接着が悪いときは、空洞の中にたっぷりボンドを入れてから押しこみましょう。

それでも接着できないときは、ボンドだけではなく粘土も詰めて接着してみてください。

お好みでニスを塗ってもOKです（今回は塗らない）。

貝殻を貼りつける

4 お好みで装飾を

　スパンコールやスパンコールテープは、工作用ボンドで貼りつけます。
　針金(はりがね)は、軽量粘土にさした後(あと)に、工作用ボンドで抜けないように少し補強してあります。

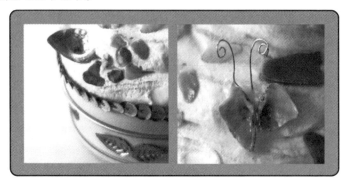

好きなように装飾

　スパンコールや針金は、フタを開(あ)けるときに邪魔にならない場所に貼りつけましょう。
　そのほうが小物入れとして使いやすくなります。

5 できあがり

　完成品はこちらです！

完成したモザイクタイル風貝殻小物入れ

別のアングルからだとこうなっています。

別のアングルから

フタを開けてみるとこんな感じ。

フタを開けてみる

上から見たら、こんな感じです。
渦巻きの貝をイメージしたのですが、難しいですね……。

[4-2] モザイクタイル風貝殻小物入れ

第4章 貝殻やシーグラスの工作

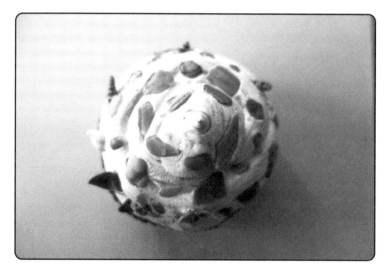

上からの写真。巻貝をイメージした

先端のクルクル巻貝が、面白い形です!

ビーチコーミングをすると、こういう擦り減った巻貝の貝殻がたくさん落ちているので探してみてください。

割れたり、欠けたり、擦り減った貝殻も、モザイクタイル風にすれば活用できます。
子どもと一緒にオリジナルの工作を楽しんでみてください!

4-3
貝殻とシーグラスを使った木製キーフック

貝殻やシーグラスを使って、海をイメージした「木製・貝殻キーフック」を子どもと一緒に工作しました。

筆者	●Hiro
サイト名	●子どもに笑顔を
記事名	●【貝殻工作】貝殻＆シーグラスを使った木製キーフック〜工作したら毎日使える！
URL	●https://smilekodomo.com/shell-keyhook/

材料はビーチコーミングで拾った貝殻やシーグラスを中心に、プラスチックゴミやビーズなどを使っています。

そのほかの材料は100円ショップでそろえましたが、ホームセンターやネットでも簡単に手に入ります。

家にあるいろんな材料を組みあわせてオリジナルの「木製・貝殻キーフック」を作ったら、ぜひ毎日使ってみてください。

また、壁に取りつけるときの注意点もお伝えします。

木製・貝殻キーフックの材料

使う材料は次の通りです。

材料

- 板
- 吊り金具
- お好みのキーフック
- 装飾に使う材料

そのほか必要なもの・道具類

- ボンド
- 油性マジック
- キリ
- ドライバー

板

ハガキサイズで厚さ8mmの版木用の板を使います。今回は100円ショップのダイソーで買いました。

木ネジをつけるときにネジが貫通しないよう、もう少し厚め（10mm程度）の厚さはあったほうが作りやすいと思います。

ホームセンターなどで買うか、インターネットで探してみてください。

吊り金具

直径1.0mmのアルミ自在ワイヤーをペンチで丸めて作ります。100円ショップのダイソーで買いました。

入手できる方は、ネジの長さが10mm以下の三角吊リカンなどを使うと、見た目がよくなると思います。

お好みのキーフック

こちらは100円ショップのセリアで買いました。

カギをぶらさげるだけなので、あまり荷重は気にしなくても大丈夫です。

接着タイプでも木ネジタイプでもお好みのものを選んでください。

装飾に使う材料

貝殻とシーグラスは、ビーチで子どもと拾ったもの以外に、100円ショップのダイソーで買ったものも使っています。

[4-3] 貝殻とシーグラスを使った木製キーフック

100円ショップの貝殻

そのほか、海で拾ったプラスチックゴミや家にあるビーズを使いました。

海で拾ったプラスチックゴミ

アルミ自在ワイヤーで吊り具を作るときには、ニッパーとペンチ（ラジオペンチや平ペンチ）が必要です。

91

木製の貝殻キーフックの作り方と貝殻の接着方法

手順　木製・貝殻キーフックの作り方

1 ワイヤーを木の穴に通す

板の上部に2か所、キリで穴を開けます。

アルミ自在ワイヤーを30cm程度に切ってから、図のように穴に通します。

今回は比較的細い直径1mmのワイヤーを使ったので、補強のためにワイヤーを二重にしました。

板の厚さによっても異なりますが、板の厚さ8mmの場合、鉛筆を2本くらい挟んでワイヤーを巻くとやりやすかったです。

板の厚さが厚い場合や、穴の直径を大きくする場合にはもう少し広げてください。

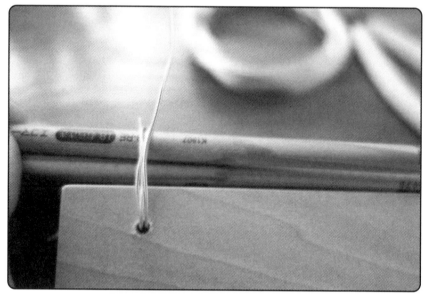

ワイヤーを木の穴に通す

2 吊るための輪を作る

鉛筆を抜いてから、図のようにペンチで一回転ねじって輪を作ります。輪は手前ではなく、壁側(裏面)に寄せて作りましょう。

吊るための輪を作る

余ったワイヤーは、裏面でワイヤーの端同士をねじってとめておきましょう。

3 キーをかけるフックをとりつける

木ネジタイプの場合には、キリで少し下穴を開けてからドライバーで取りつけるとやりやすいです。

4 貝殻などを装飾する

今回使った程度の貝殻であれば、ボンドで接着ができます。平置きで一日程度乾かしてください。
(重量が重すぎるものを接着するときは、グルーガンを使ってください)

5 完成

息子はシーグラスや貝殻に油性ペンで絵を描きました。サカナとイカだそうです……。

完成

| Column | 貝殻やシーグラスを接着するコツ

ここでは、ボンドで貝殻やシーグラスを接着するコツを説明します。

①接着面の少ない貝殻は、貝殻と板の両方にたっぷりとボンドをつけましょう。

②浅い二枚貝の貝殻は中をすべてボンドで埋めると確実に接着できます。
少しボンドがハミ出すくらいでOKです。

③心配な所は、あとからボンドを盛りましょう。

貝殻の接着方法

ボンドはたっぷりとつけましょう。
ボンドのクリームの上に貝殻を乗せるようなイメージで接着すると、しっかり接着できますよ。

壁に取りつける時の注意点

吊り金具について

　今回は吊り金具をアルミワイヤーで作りましたが、三角吊りカンなどを取りつけるとさらに見た目が良くなります。

　ネットで安く買うこともできます。

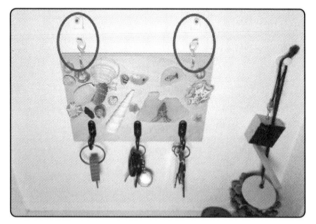

三角吊りカンなどをつけると見た目が良くなる

　取りつけるときは、板の裏面につけましょう。

　板の上部につける方法のほか、図のようにフックが見えない位置に取りつける方法があります。

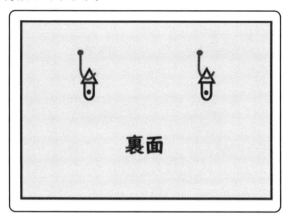

吊り金具の取りつけ例

石こうボード用フック

画鋲で取りつけると緩んでくることがあり、重いものをぶら下げるには少し不安がありますよね。

そういうときは、石こうボード用のフックを使うと便利です。

カナヅチでピンを打つものから、指で押しこむタイプのものなど、さまざまなものが売られているので、ネットなどで検索してみてください。

吊り金具で壁に傷が付きそう

吊リ金具が壁に擦れて壁が傷つきそうだなと思ったので、私は裏からアルミ自在ワイヤーをマスキングテープで保護しました。

「吊リ金具の取りつけ例」の図のような取りつけ方法であれば、そもそも吊リ金具と壁が触れずにすむと思います。

*

ぜひ、自分だけのオリジナル木製・貝殻キーフックを工作して、実際に使ってみてください。

4-4
貝殻で手作りキャンドル

ビーチコーミングで拾った貝殻を使い、子どもと手作りキャンドルを作りました。

割れた貝殻の穴を別の貝を張りつけて隠したり、飾りをつけて生き物の形にしてみたり、貝殻で遊びつつ作ります。

また、貝殻がない方のために手に入れる方法も説明しています。

筆者	Hiro
サイト名	子どもに笑顔を
記事名	【子ども工作】貝殻キャンドル〜失敗から学ぶ！安全で後片付けがラクな作り方
URL	https://smilekodomo.com/shell-candle/

実際に作ってみて、そして失敗して分かったこと。
それは、安全に上手に作るにはコツがいるということです。

ここでは、安全かつ簡単で、後片付けも楽な作り方を、詳しく説明します。

保護者の方へ　安全のために

溶けたロウソクのロウは、大人が扱いましょう。
小学校低学年の児童の場合、ヤケドしそうな工程は必ず大人に任せ、貝殻工作をメインに楽しんでください。

グルーガン（ホットボンド）を使う場合にも、大人が行なうか必ずつき添ってください。
大人も子どももヤケドや火の始末に充分に注意して楽しみましょう。

準備するもの

材料は次の通りです。

必要な材料

- ・ベースとなる貝殻
  大きめで深さのあるものが作りやすいです。海で拾う以外に100円ショップで買うこともできます。スーパーで買って食べた後の貝殻でもOKです（ただし洗う必要がある）。
- ・土台を作る紙粘土や樹脂粘土など
  今回は100円ショップダイソーの樹脂粘土を1個使用。
- ・太すぎないロウソク
  今回は100円ショップダイソーの3号ロウソクを数本使用（使った3号ロウソクのサイズは直径1cm、長さ15cm）。
- ・クレヨン
  ロウの着色用。
- ・ロウソク芯
  今回は溶かしたロウソクから芯を取り出して使用。
- ・わりばしやヘアピン
  ロウソク芯を固定するのに使用。
- ・アルミ製の使い捨て皿
  今回は100円ショップダイソーの13.5cm×高さ4cmの皿を使用。色数と同じ枚数を用意（なければ小さめのボウルや小鍋で）。アルミ皿があると、後片付けが楽になります。

第4章 貝殻やシーグラスの工作

必要な材料

装飾の材料の例

- ロウの上の装飾
  スパンコールや小粒の貝など小さくて燃えにくいもの。
- 油性マジックやポスカなど
- モール
- 樹脂粘土
- 動く目玉（100円ショップのもの）

道具類

- ハサミ
- ボンド
  速乾性のものだとなお良いです。
- グルーガン（ホットボンド）
  なくても作れます。
- カッター
  ロウソクやクレヨンを削るために使います。
- 氷
  ヤケドをしたときのために用意。
- 軍手などの手袋
- アルミホイルなど

ロウが垂れないように下に敷くものです。

幼児から楽しめる貝殻工作

貝殻工作は、ボンドや瞬間接着剤よりも、グルーガン（ホットボンド）という温めて溶かす接着剤を使うと、作品の幅がとても広がります。

100円ショップにも売っており取り扱いも簡単です。

しかし、ヤケドに注意が必要です。

心配な方は、作品の幅が狭まりますがボンドのみでできる工作にするか、安全対策をした上で保護者の方がグルーガンを扱うようにしてみてください。

グルーガンは、慣れればクリスマスリース作リ・手芸・家の中の補修など、さまざまな使い道があってとても便利な道具です（注意点は後で解説）。

ここでは、グルーガンを使わない貝殻工作と、使った工作の3種類を紹介します。

貝殻工作例その1　グルーガンを使わない〜塗るだけ

特に幼児など小さなお子さんの場合は、油性マジックやポスターカラーで塗るだけというのがいちばん簡単です。

側面にスパンコールなどの燃えにくい小さなものをボンドでつけても可愛いと思います。

第4章 貝殻やシーグラスの工作

油性マジックで塗るだけ

貝殻工作例その2　グルーガンを使わない〜チョウチョ

　ビーチコーミングで拾った二枚貝(にまいがい)を使って、チョウを作ってみました。貝殻は水平(すいへい)になるまで開(ひら)いておきましょう。

　貝殻を裏返して、乾(かわ)くと固(かた)まる粘土(紙粘土や樹脂粘土など)を図のように貼(は)りつけ、2枚の貝殻が水平になるように土台を作ります。

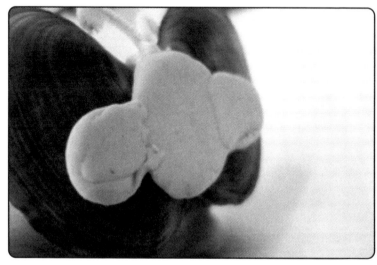

貝の裏に粘土を貼る

102

今回はボンドをつけずに作りましたが、貝殻と粘土の接着が悪いときは点々と数か所ボンドをつけて押しあててみてください。

2枚の貝殻が外れていても土台の上に乗せれば2枚並んで見えます。2枚の位置を調整してください。

2枚の貝殻の隙間が開いてるときは、あまった粘土を隙間につめておきましょう。

次の図を見てください。

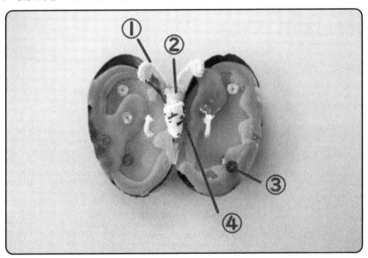

二枚貝の蝶キャンドル

土台の粘土にモールを挿しこみ触角にしました（①）。
取れやすいときは挿しこんだボンドを少しつけて補強しましょう。
火が点くと困るので触角はなるべく外側に伸ばしておくと安心です。

なお、モールではなく針金を使えば、火もつかず、より安全です。
（図は少々短めでした。もう少し外へ！）

粘土で頭を作り、土台か貝殻の上に接着しています（②）。

ボンドを使ってもOKです。

ロウを注いで、固まる前に飾りを乗せました(③)。
安全のために、燃えにくいものを芯に近すぎない位置に配置しましょう。
(貝殻キャンドルの作り方の解説でロウの注ぎ方を説明します)。

中央には胴体となる小さな貝を、多めのボンドでつけています(④)。
ロウが固まってからでも大丈夫です。
燃えにくいものなら、貝殻以外のものでも何でもOKです。

貝殻工作例その3　グルーガンを使う〜ヤドカリ

ビーチコーミングで拾った大きめの巻貝を使ってヤドカリを作りました。

同じ貝殻が100円ショップのダイソーにも売っていたので、貝殻がない場合は、まずは100円ショップから探してみてください。

もしサザエなどの食べた貝を使う場合には、しっかり洗う必要があります。
巻貝は洗いにくくニオイが残りやすいので、キレイに中身を取り除いて洗った後、さらに塩素系の漂白剤に漬けこんだほうがいいと思います。

巻貝の下に乾くと固まる粘土(紙粘土や樹脂粘土など)を貼り、貝殻が水平になるように土台を作りましょう。
接着が悪いときは、点々と粘土に少量のボンドをつけて押しつけてください。

図を見てください。

[4-4] 貝殻で手作りキャンドル

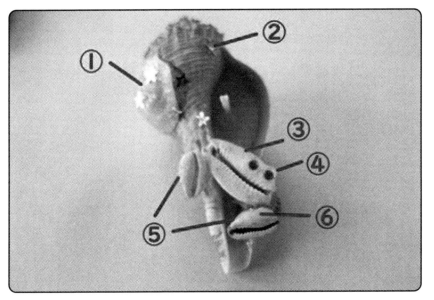

巻貝のヤドカリキャンドル

穴が開いた部分を別の貝殻でふさぎました(①)。
薄くて軽い貝殻なので、ボンドで接着できますが、時間がかかります。

また、スパンコールをつけました(②)。
ボンドで充分接着できます。

③の貝は多めのボンドで一応接着できました。
ただし、不安定な場所への接着で、ボンドが乾くまでに時間もかかるので、グルーガンで接着するほうが確実です。
グルーガンの接着剤は熱に弱いので、ロウソクの芯の近くには接着しないでください。

動く目玉は、ボンドで接着できます(④)。

⑤のような側面への接着は、ボンドでは難しいです。

105

特に丸みを帯びた形の貝殻（今回はタカラガイ）は接着が難しいので、グルーガンを使って接着しましょう。

⑥はポスターカラーで着色しました。

安全で後片づけがラクな貝殻キャンドルの作り方

貝殻キャンドルで面倒なのは、ロウの扱いだけ。
溶かすこと、そして後始末の2点を簡単にすれば、とてもラクに作業ができると思います。
ここからは、安全に、簡単に、そして片付けまでラクにという視点で、作り方の説明をしていきます。

手順　貝殻キャンドルの作り方

1　ロウソクを細かくする

まず、ロウソクを細かくします。
今回使った3号ロウソクの場合は、手で2本に折る程度で大丈夫です。なるべく刃物を使わなくてもいいように、細めのロウソクを使いましょう。

太いロウソクの場合は、包丁や大きめのカッターで1cmくらいの長さにしておきましょう。
ロウソクを包丁やカッターで切る場合には、牛乳パックを下に敷くと後片付けがラクです。
固いのでこの作業は大人が行なってください。

2　ロウを火にかける

細かくしたロウは、アルミ皿に入れてください。
フライパンに1cmほど水かお湯を入れて、アルミ皿を浮かべて火にかけてください。

[4-4] 貝殻で手作りキャンドル

ロウを火にかける

3 芯を取り出す

アルミホイルを用意しておき、ロウが溶けてきたらわりばしで芯を取り出し、なるべく真っすぐな状態(じょうたい)でホイルに乗(の)せて冷(さ)まします。

1分もたたないうちにすぐ冷めると思います。

芯を取り出す

火を止めて、溶けたロウはそのままにしておきまましょう。

ちなみに我が家の28cmのフライパンには13.5cmのアルミ皿は2つ入りました。
アルミ皿を変形させれば3つ入るかもしれません。

4 芯を貝殻にセットする。

[1]で取り出した芯を、ハサミで適当な長さに切って、ヘアピンや割っていないわりばしに挟んで、図のように貝殻にセットします。

芯を貝殻にセット

ロウは固まりやすいので、ロウを溶かす場所のそばに貝殻を置いておきましょう。
できるなら台所がいいと思います。

皿の上にアルミホイルを敷いて貝殻を乗せておくと、ロウがこぼれたときの後片付けも楽ですよ。

ヘアピンなどの適当なものが家にない場合のために、セロテープを使う方法も考えてみました。

次の図を参考にしてください。
　ボンドが乾いたら、セロテープは中央をハサミで切って外しておきます。

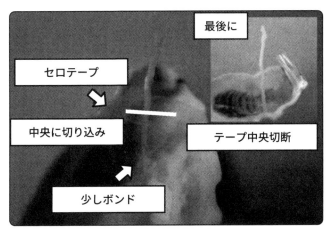

セロテープを使う方法

5　ロウに色を着けて再び加熱する

　[1]で加熱したアルミ皿に少量のクレヨンを削って入れます。量の目安は次の図をご覧ください。

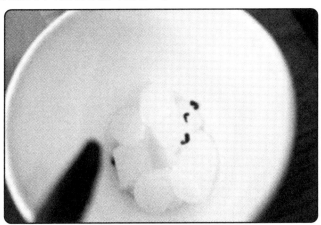

クレヨンは少量でOK

6 アルミ皿を取り出す

完全にロウがとけたら、軍手などをはめてアルミ皿を取り出してください。

注ぎやすいように少し折り目をつけておきましょう。

※私は素手でつかみましたができるだけ手袋をはめてください

アルミ皿に少し折り目をつける

7 貝殻に注ぐ

とにかく手早く貝殻に注ぎましょう。

3号ロウソク1本を、お湯が沸騰した状態から溶かすと約3分で溶けました。

冷めて固まるのはとても早く、1分程度です。

ロウソクが多ければ冷めるまでの時間も長くなりますが、火のそばに貝殻を準備しておくとスムーズに作業できると思います。

最後はアルミ皿を丸めて捨てれば、後片付けも楽ですよ。

[4-4] 貝殻で手作りキャンドル

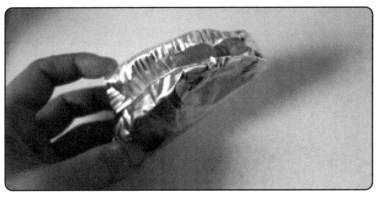

使い終わったアルミ皿は丸めてそのまま捨てられる

8 できあがり

完成品はこちらです。

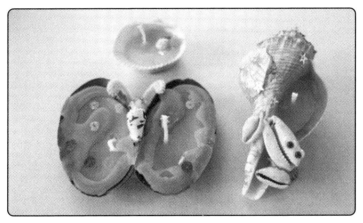

できあがった貝殻キャンドル

貝殻に二色のロウを流しこんで、スパンコール・小さな貝殻・垂れたロウのくずを飾りとして乗せただけでも、可愛いキャンドルができますよ！

可愛いキャンドルができた

貝殻キャンドルの失敗例

私の失敗例を4つ紹介します。
すべての失敗について、解決策も書いているので安心してください。

失敗その1：土台

| ポイント | 土台はしっかり！貝殻は水平にすべし！ |

まず、これがとても重要です。
次の図を見てください。ベースとなる貝殻を安定させるために、ほかの小さな貝殻（丸で囲んだ部分）を下に接着しました。

112

[4-4] 貝殻で手作りキャンドル

貝殻を安定させるために小さな貝殻をつけた

　貝殻を安定させるだけでなく、ベースの貝殻を水平にしてください。

　私の場合は、ベースの貝殻をきちんと水平にしていなかったので、矢印のようにロウソクのロウを注いだときに流れ出してしまいました。(ちなみに前図のように別の貝殻を使って土台を作るのは難しいのでおすすめしません)

　ベースの貝殻を水平にするためには、乾くと固まる粘土を使うと便利です。

失敗その2：芯を立てるとき

ポイント　芯は事前に準備、そして安定させるべし！

　ロウを注ぐ前に芯を準備しておくと、アタフタせずに済みます。
　芯の固定には、すでに説明した通りヘアピンやわりばしを使いますが、貝殻の形状によっては不安定で動いてしまうことがあります。

113

第4章 貝殻やシーグラスの工作

貝殻の形状によっては不安定になる

　私は、もうロウソクのロウを溶かし始めていたので、かなりアタフタしました……。

　そうならないためには、
・土台作りの時点で、貝殻をしっかり水平にする。
・ロウソクの芯を事前に用意しておく。
・貝殻に合ったサイズのヘアピンやわりばしを使う。
　（私はヘアピンが短すぎて苦労しました）
・ロウを溶かし始める前に、芯をセッティングしておく。
・貝殻選びの時点で、ヘアピンやわりばしが乗せやすい貝殻を選んでおく。

ことが大切だと感じました。

　特にロウソクの芯は、ロウソクを一度溶かして芯だけを取り出して冷ましておく必要があります。
　数秒で冷めるので、この方法が基本です。

もし面倒であれば市販の芯を使うという方法もあります。
インターネットで検索してみてください。

失敗その3：ロウを溶かすとき

ポイント　ロウを溶かすときは必ず湯せんで！紙コップの使用も避けるべし！！

ロウを溶かすときは直火（じかび）やレンジは避（さ）けて、必ず湯せんで行ないます。
ただし、紙コップは絶対に使わないでください！
私は紙コップで湯せんしたところ、コップに穴が開いて大惨事（だいさんじ）に……。
鍋（なべ）も再起（さいき）不能（ふのう）になりました。

紙コップは使わない

お湯を入れた鍋に、ひと回り小さいボウルや小鍋を入れて、その中で溶かすのが一般的だと思いますが、ロウの後片付けが面倒です。

すでに紹介した方法なら楽にできると思います。

失敗その4：ロウを注ぐとき

ポイント ロウは、固まりやすい！手早く注ぐべし！

ロウは、冷めるとすぐに固まります。
たとえば私は、2色のロウを注いでグラデーションを作ろうとして失敗しました。

次の図を見てください。

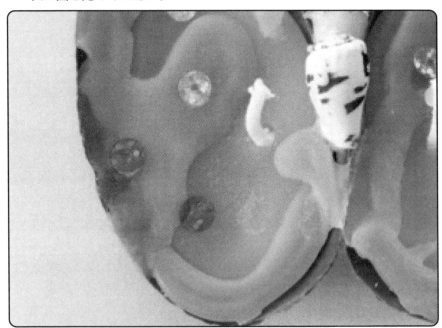

ロウが固まり始めて失敗

水色のロウを注いだ後、紫を注ぎましたが、もうすでに水色が固まり始めていたため、二層のまだら模様になってしまいました。

はじめて作るときは1色から始めるのがいいでしょう。

グルーガンを使う場合の注意点

私は、100円ショップダイソーのグルーガンを使っています。確か200円商品だったと思います。

溶かして使うグルースティックは別売りで、透明や乳白色などのなるべく透明に近い色を選ぶと、どんな色の作品にも合うと思います。

透明に近い色は見つからない場合も多いので、探してみてくださいね。

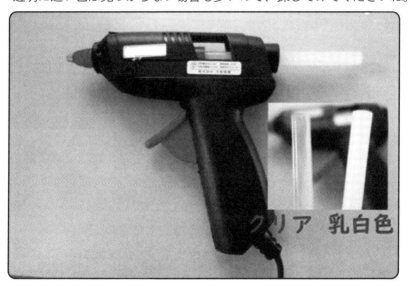

100円ショップダイソーのグルーガン

はじめて使うなら、100円ショップのもので充分ですが、やはり値段なりで使いにくい点も多いです。

デメリットをまとめておくので、買うか検討するときに参考にしてみてください。

ダイソーのグルーガンのデメリット

・コードが短いので、延長コードが必要。
・スイッチがないので、オンオフはコンセントの抜き挿しで行なう必要がある。
・充分に温まるまでに数分の時間がかかる(温まらないと接着強度がでない)
・充分に温まるとノズルの先から溶けた接着剤が漏れてくる。
・すぐに接着剤がなくなり、作成途中でスティックの補充が必要な場合が多い。
・接着強度が弱い。80℃〜90℃で溶ける低温タイプのため、比較的安全だが、その分接着強度が落ちる。

　ちなみに私がいちばん困っているのは接着強度が弱い点です。

＊

　グルーガンは、簡単でとても便利です。しかし、**ヤケドには注意が必要**です！

　私はまだダイソーのグルーガンでヤケドをしたことはありませんが、溶けた接着剤が手について「熱い！！」となったことはあります。

　ノズルの先は溶けた接着剤よりもさらに熱くなるので、ヤケドには充分に注意してください。

グルーガンを安全に使うために

念のため氷水を用意しておく

　もし手についてしまったら、まず氷水に浸しましょう。

　冷めてからそっと取れば接着剤がはがれる可能性が高いです。

　ただし無理矢理に取ると皮膚を傷めるので優しく試してみて、無理な場合やヤケドをした場合は、なるべく早く皮膚科に行ってください。

氷水を用意しておく

手袋でガードする

軍手などの手袋を使用すると安全です。なるべくジャストサイズを選びましょう。

太ももなども注意する

短いズボンを履いていると、足に溶けた接着剤が垂れる可能性もあります。

手だけではなく足も注意しましょう。

長ズボンを履くか、きちんと机の上で作業すると安全です。

事前に練習をしておく

事前に使い方を練習しておきましょう。数分あればできますよ！

大人が扱う

子どもだけで扱わせると危険です。

子どもには「ここにこの貝殻をこうやってつけて！」と指示だけ出させて、大人がつけてあげると安心です。

今後も貝殻工作を楽しみたい方は……

貝殻は形や表面の状態がさまざまで、重量もそれなりにあります。

今後も貝殻工作を楽しみたい方は、グルーガンがあると作品の幅がグッと広がります。

近くの100円ショップで買えなかった方は、口コミ評価の高い商品から選んでみてください。

性能と価格の両面をとると1000円台くらいがいいかなと私は思います。

保護者の方へ 万が一のこと―ヤケドや火の始末―

> 子どもと工作を楽しむため、安全のことを事前に考えておきましょう。
> 子どもは予想外のことを起こしますし、心配性すぎるくらいがちょうどいいかもしれません。

> ヤケドについて

　以前、友人の子どもが我が家の石油ストーブに誤って触れ、ひどいヤケドを負ってしまったことがありました。
　そのとき、自身が皮膚科医でもある友人がとった行動は、とにかく氷で冷やし続けるということでした。
　どれくらいかというと、10分、30分ではありません。
　一晩中です。何時間という単位です。
　翌日朝一で薬を買いに行きました（皆さんはなるべく早く皮膚科を受診してください）。

　専門医曰く、ヤケドしてすぐにきちんと冷やすかどうかで、ヤケドの程度が変わってくるのだそうです。
　ロウは融解温度が100℃未満ですが、グルーガンのノズルは180℃近くまで上がる商品もあります。
　天ぷら油くらいの温度ですから、触れたらとても危ないですよね。

＊

　万が一ヤケドをしてしまった場合について、まとめておきます。

ヤケドを負ってしまったら

- ただちに氷水で冷やす。なければ流水で冷やす。そして可能な限り長く冷やし続ける。
- 水につけられない部位は、氷嚢や布で包んだ保冷剤などを使う。
- 熱い接着剤がついた場合は、取れなければ無理にとらず、とにかくすぐ冷やす。
- 速やかに皮膚科を受診する。
- 夜間や休日ですぐに受診できない場合にも、受診まで冷やし続ける。

> 火の始末について

　ロウを溶かすとき、キャンドルに点灯するとき、火の扱いには充分注意しましょう。

火の取り扱いで注意すること

・コンロのそばやキャンドルのそばに燃えやすいものを置かない。
・ロウを溶かすとき、直火やレンジで溶かすことはせず、必ず湯せんで行なう。
・キャンドルを点灯するときは、扇風機や窓からの風に注意する。
・キャンドルの火の始末をきちんと行なう。

　キャンドルは、大きめの皿の上などで点灯すると安心だと思います。
　ただし、水につけると土台の粘土が溶け出すかもしれないので、水に浮かべたりはしないほうがいいでしょう。

皿の上などで点灯すると安心

市販品とは違う温かみがある手作りキャンドル

　長くなってしまいましたが、危ない所、難しい所は大人がやってあげると割り切れば、それほど難しくはないと思います。

　失敗していても、自分で作ったキャンドルはやっぱり市販品とは違う温かみがあると感じました。
　「息子も毎日使ってもいいよ！」と言ったほどです。

　皆さんもぜひ、楽しんでみてください！

ふろく
保護者の方へ -ビーチコーミングとは-

ビーチコーミングとは、海岸に打ちあげられた漂着物を探すことで、貝殻をはじめとするいろいろなものを見つけることができる自然遊びです。

筆者	Hiro
サイト名	子どもに笑顔を
記事名	【自然遊び】自由研究にも◎オフシーズンも海へ！～『ビーチコーミング』貝殻で楽しもう！
URL	https://smilekodomo.com/shell-aquarium/

ふろく1
ビーチコーミングのすすめ

　温暖な地域であれば冬でも行けるので、夏が終わった海遊びのオフシーズンに、あいている海岸でのんびり楽しめるのも魅力の1つです。
　また、夏休みの自由研究にも、とてもおすすめです。

　ここでは、ビーチコーミングが初めての方でもお子様と楽しむ方法を詳しく紹介します。
　近くに海がない方でも、ちょっと足を延ばして海へ出かけてみてはいかがでしょうか。

筆者と子どもがビーチコーミングで拾ったものの一部

　なお、海岸で拾った貝殻などの漂着物は、基本的には持ち帰り自由な場合が多いですが、場所によっては、持ち帰り（持ち出し）禁止の場合があります。
　海岸に着いたら看板などを確認してみてください。

ふろく2
何もとれなくても

　私は海の眺めを満喫しながら、のんびりとビーチコーミングを楽しむことが多いのですが、だいたい1〜2時間で帰ります。
　「この貝殻がどうしてもほしい！」「シーグラス（摩耗したガラス）を集めている」など明確な目的がある方はともかく、下を見ながら夢中になっていると意外と疲れてきます。
　また、採取する気満々で行なったのに、どこにでもよくある貝殻が数個しかとれないこともよくあります。

　お子様と楽しむためには、絶対何か収穫を持ち帰ろうとするのではなく、海そのものをのんびり楽しむことがおすすめです。

　私は、事前にその海岸の周辺情報を少し調べておいて、たとえばランチや夕日の景色、観光スポットや名産品など、ビーチコーミングが終わってからのプランを軽く考えてから出かけます。それも楽しみの一つなのです。

*

　ビーチコーミングは、貝殻拾いがメインになりますが、貝殻以外にもいろいろなものが打ちあがっており、毎回驚かされます。

　オニグルミ、ヒトデ、カニの甲羅、ときには海外からの漂着物……。ウツボやサメの骨も見つけたこともあります。
　「海は生きている」「海はつながっている」ということを実感でき、子どもにとっても学びの場になると思います。
　また、季節によって採取できる貝殻の種類が変わってくるのも魅力の一つです。
　以下では、海に行くときの注意点から帰宅後の貝殻の洗浄や使い道まで、詳しく説明していきます。

ふろく3
ビーチコーミングの注意点

海岸でも打ち上がったクラゲなどに注意！

　陸地(海岸)とはいえ、危険なこともあります。

　高波や強い風の他に、特に気を付けておく必要があるのは、海岸に打ちあがった毒クラゲ類です。

　死んでいても毒針から毒を出す能力が残っていることが多いと言います。

　特に青いゼリー状のものがあったら触らないようにしましょう。それは、「**カツオノエボシ**」か「**ギンカクラゲ**」の可能性が高いです。

　特にカツオノエボシは、場合によっては命に関わるほど毒性が強いので、予備知識があると安心です。

カツオノエボシ

　青い風船状の浮き袋と触手(足のように伸びた部分)が特徴です。触手の毒針が刺さると、電気ショックのような痛みが走ります。初ガツオの時期(初夏)から見られるようになるので、その名がついたそうです。

打ちあげられたカツオノエボシ

すでに死んでいても、毒針は機能していることがありますので、触れてはいけません。

ときに、アナフィラキシーショックで生死に関わることもある毒クラゲなので、海岸に打ちあがっていても絶対にさわらないでください。

とてもキレイなので、お子様は特に注意です。

万が一さわってしまったときは、真水で洗うのはNGです（浸透圧の関係）。

まずは、直接ふれないように棒などでゆっくり剥がし、海水でしずかに流してからなるべく早く病院に行きましょう。

ギンカクラゲ

銀貨のような円盤に見えることから名づけられました。

たとえば、図鑑では有毒生物とは書かれていませんでしたが、ビーチコーミングの本（『ぼくたちいそはまたんていだん』）では、有毒生物と紹介されていました。

毒性は弱めですが、腫れることもあるので注意してください。

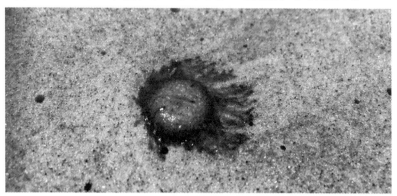

ギンカクラゲ

こちらもカツオノエボシと同じく、万が一さわってしまったときは真水で洗うのはNGです（浸透圧の関係）。まずは、直接ふれないように

棒などでゆっくり剥がし、海水で静かに洗いましょう。

　腫れがひどい場合や毒針が残っている場合は、念のため病院を受診すると安心です。

　特に刺されるのが2回目の方は、病院を受診することをおすすめします。

　ムヒアルファEX（生後6か月から）など、クラゲにも効果があるステロイドの塗り薬もあるので調べてみてください。

＊

　危険なクラゲも触らずに写真だけ撮れば、自由研究のネタにできます。

　クラゲの生態はとても不思議なので、きっと調べ甲斐があると思いますよ！

　私は、ギンカクラゲは見かけたことがあります。

ふろく4
貝殻の洗浄方法など

　基本的には、海中ではなく陸地（海岸）で採取しましょう。
　海中にある貝殻は、死んでいるように見えても中にヤドカリやカニなどの小動物が入っていることがあります。
　生き物への配慮とともに、帰宅後に臭いの原因にもなりますので、海岸で拾ってみてくださいね。
　参考までに、私の洗浄方法をお伝えします。
　面倒に見えますが、どんな貝殻が取れたか確認し選別しながら洗浄を行なうと、けっこう楽しいですよ！
（私の場合、大半は基本編のみで済んでいます。）

洗浄方法（基本編）
①まず水洗いで砂を落とす。
②一晩真水に漬ける。
③もう一度洗って乾かす。

生き物が入っている場合

　注意して拾っていても、小さなヤドカリやカニが混入してしまうことがあります。
　一晩真水に漬けて乾かすとだいたい出てくるのですが、気になる方は煮沸して、安全ピンやマイナスドライバーで取り出してください。

臭いがきつい場合・表面を綺麗にしたい場合

　塩素系漂白剤にしばらく浸しましょう。**酸素系はNGです。**
　臭いを確認して、必要であれば数回行ないます。漂白後は少し水に浸しておきましょう。
　あまりに臭いがきつい場合には、その貝殻は取り除いて破棄するのも一つの手段です。

ふろく5
自由研究のヒント -観察する-

「貝殻を拾ったけれど、夏休みの自由研究にするにはどうしたらいいの？」という心配もきっとあると思います。

私の場合、まずは洗浄が終わったら並べます。

分類は何でもOK！

たとえば、色ごと、だいたいの大きさごと、種類ごとなどなど……。並べてじっくり眺めることで、疑問が生まれたりアイディアが生まれやすくなります。

ここでは、秋（10月）の相模湾の海岸で採取したものを並べて、私が感じた自由研究に使えそうだなと思った点をご紹介していきます。

＊

色・種類・形・大きさなどで何となく並べてみます。

ここから気になる点がないか、なんとなく観察していくと……。

相模湾の海岸でのビーチコーミング

同じ種の貝殻の名前を細かく分類する(例)タカラガイ

　今回は、たくさん採取できたタカラガイを使って名前を調べてみます。

　観察をするにあたって、あった方がよいものは、ルーペ・定規・図鑑の3点です。

　白くなったり摩耗しすぎた劣化貝は除外し、図鑑を見ながらタカラガイの名前を調べたところ、「チャイロキヌタ」と「メダカラ」の可能性が高いことが分かりました。
　それぞれ並べると……。一つだけ、どちらに属するか分からない貝殻がありました。

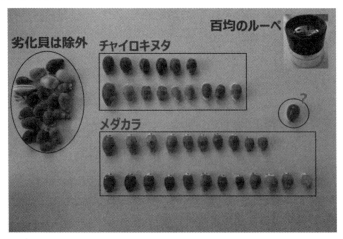

拾ったタカラガイを分類してみる

　目視だけで確証がもてないときは、ルーペを使うと便利です。今回はダイソーのルーペを使っています。
　ちなみに、稚貝と成貝では特徴が異なる場合があるので、なるべく同じサイズの貝殻で比較するようにすると良いと思います。

　不明な貝殻とチャイロキヌタを比べると、色こそ違うものの形はそっくりです。

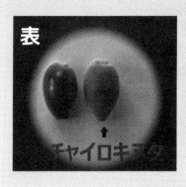

チャイロキヌタとの比較

次は、メダカラです。

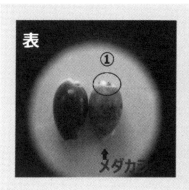
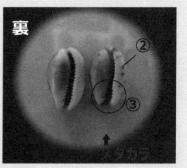

メダカラとの比較

　色味は似ていますが、特徴が異なる点がありました。
①上部に黒い斑がある
②裏面に黒い斑点がある
③裏面の下部の開口部の形状が微妙に異なる。

　①と②の特徴は図鑑(『くらべてわかる貝殻』)に載っていました。
　しかし、③については載っていませんでした。いくつもルーペで観察して見つけた点です。

保護者の方へ・ビーチコーミングとは・ふろく

このことから、おそらくチャイロキヌタだろうと推測しました。

＊

このように、貝殻の名前を調べていきます。

息子も、自分で採取したものなので、図鑑を調べる習慣が自然と身に付きました。

我が家にあるおすすめの貝殻図鑑

一般的な学習図鑑では、ビーチコーミングで拾った貝殻の名前を特定できないことが多かったので、貝殻専門の本があるととても重宝すると思います。

いくつかおすすめの書籍を紹介します。

偕成社『ぼくたちいそはまたんていだん』

たまたま息子に買ったことから、ビーチコーミングを始めるきっかけとなった本です。

絵本のように見えますが、内容はかなり充実していて、ストーリーと絵の付いた図鑑というイメージです。

ぼくたちいそはまたんていだん

季節で採取できるものに違いがあることや、貝殻以外も採取できるものが多くあること、もちろん貝殻の知識も豊富に掲載されていて大人にも子どもにもおすすめです。

山と渓谷社『くらべてわかる貝殻』

『ぼくたちいそはまたんていだん』だけでは、掲載されていない貝殻が出てきたり、似ている貝殻がいくつかあって名前が判別できないときに大活躍した図鑑です。

本屋で何冊も見比べて、「これだ！」と感動して買いました。

くらべてわかる貝殻

生息環境だけではなく、貝殻の特徴がとても詳しく説明されています。

表紙のサンプル写真を確認してみてください。自由研究の強い味方です！

気になる貝殻の名前を調べる

　気になる貝殻は、名前を調べてみましょう。

　次の写真の左はイガイという貝の仲間です。イガイを拾う機会は多いのですが、裏がきれいなブルーの貝殻を拾ったのでさっそく名前を調べました。

　その結果、イガイではなくクジャクガイだと分かりました。

　写真の右は、貝殻か分かりませんでしたが、面白い形だから拾ってみました。

　調べたらやはり貝殻で、オオヘビガイという貝の貝殻でした！

イガイの仲間とよく似たクジャクガイの貝殻(左)、オオヘビガイの貝殻(右)

貝殻の構造に着目する

　息子がいちばん気に入っているのが、劣化した巻貝です。毎回、「わーすごいよ！」と言います。
　なぜかというと、くるくる巻いている内部構造が見えるからです。

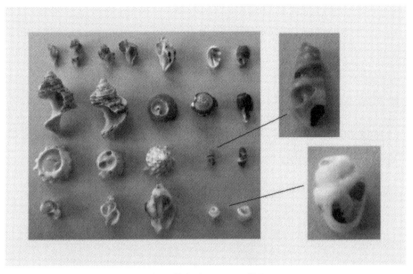

割れて構造が見えている巻貝

　貝殻は切るのも、穴を開けるのも、削るのもけっこう大変です。ですが、自然の中にはこんな貝殻がゴロゴロ転がっています。

保護者の方へ・ビーチコーミングとは

疑問をもった点を掘り下げる

気になった点は、どんどん調べてみましょう！

たとえば次の写真の左は、そっくりなのにいろんな色の小さな巻貝です。
果たして同じ貝殻なのか？気になります。

右の写真は摩耗した貝殻片なのか、貝殻以外のものなのか？
断面の空洞がとても気になりました。

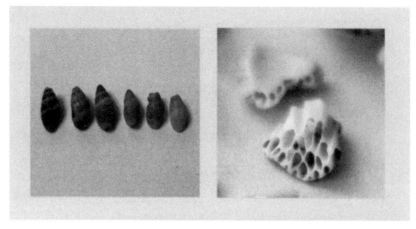

貝殻を観察すると疑問がいくつも見つかる

＊

このように、並べて、観察して、気になったことをメモしてみると、自由研究のネタが見つかることがあるかもしれません。

ふろく6
自由研究のヒント-工作-

　自然の色や形は、とても美しくユニークです。
　子どもならではの発想で、本書でも紹介していないオリジナル工作ができるかもしれません！
　たとえば、今回拾った貝殻を見て、私が感じた点を書いてみます。

カラフルな破片

　モザイクタイルみたいに使えるかも！
　せっかくカラフルなので、欠けたり摩耗した貝殻の破片も何かに活かしてあげたいですよね。

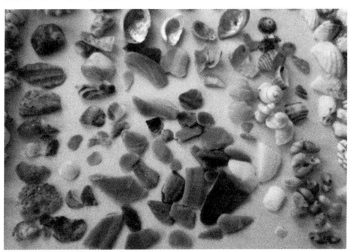

貝殻にはカラフルなものも多い

保護者の方へ・ビーチコーミングとは-

好きな模様

モノトーンで大人の工作にも使えそうです！

シックで落ち着いた色合いの貝殻もある

何かに見える？

我が家では、毎回息子と意見が分かれて面白いです。

いろいろなものに見立ててみるのも良い

他にも何かに使えそうなものがいろいろあります。

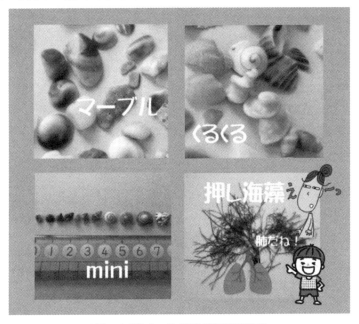

変わった形や色、サイズの貝殻や海藻など

ふろく7
自由研究のヒント -SDGsについて考える-

　講談社の『ぼくらの青』というSDGs14（海の豊かさを守ろう）についての本の中で、ビニール袋を飲み込んだカメの話が登場し、息子が胸を痛めていました。
　本を読んで知ること、実際に現地で学ぶこと。その両方が大事だと感じます。

　実際に海に行くと、一見きれいに見える海岸にもたくさんのゴミが落ちています。

　危険物や、食べかすが残って虫がついているものなどは避け、まずは小さなものから少しずつ拾っています。
　もし素手で拾う方は、クラゲなどにも注意してください。ゴミ用袋も持参すると便利です。

　「なんでこんなものが落ちているのか？」「一体どこから来たのか？」と思うものもたくさんあります。川と海が繋がっていること、自分の生活と海が繋がっていることに、子どもが気づいてくれたら嬉しいなと思っています。

　砂を採取して虫めがねで砂粒ほどのマイクロプラスチックを探してみたりと、自由研究としても、子どもの学びにつながると思います。

海岸で拾ったゴミ

＊

　やっぱり貝殻は、色も形も美しいのが魅力です。しかし、魅力は貝殻の美しさだけではないんです。
　海岸は、健気に生きて儚く消えていく生き物たちの宝庫です。生きものや自然への敬意を子ども達に抱いてもらえたらなと感じました。

　皆さんも、ぜひビーチコーミングに出かけてみてください！

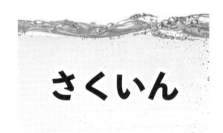

さくいん

五十音順

あ
- あ 空き箱 …………………………… 77
- アクリル絵具 …………………… 52,58
- 穴開けパンチ …………………………… 77
- 穴を開ける …………………………… 10
- 穴を広げる …………………………… 10
- アルミホイル …………………………… 99

い
- い イカの作り方 …………………… 22
- 石ころ工作 …………………… 50,54
- 石ころ探し …………………………… 56
- 板 …………………………… 89,90
- 糸 …………………………… 27,77
- 色鉛筆 …………………………… 65
- 色砂 …………………………… 57,65
- 色砂を入れておく容器 …………… 58
- 色砂を買うとき …………………… 66

え
- え 絵具 …………………………… 83
- 絵具を溶く …………………………… 59

お
- お お風呂場 …………………………… 8
- 重石 …………………………… 68

か
- か 貝殻 …… 82,99,101,102,103,128,134
- 貝殻小物入れ …………………… 82
- 貝殻やシーグラスを接着するコツ … 95
- 海藻 …………………………… 68
- 海藻押し葉 …………………… 68
- 飾りつけ …………………………… 15
- かたつむり …………………………… 54
- カッター …………………… 29,45,99
- カニの作り方 …………………… 25

- 紙コップ …………………………… 58
- 紙粘土 …………………………… 99
- 画用紙 …………………………… 68,77
- カラーサンド …………………………… 57
- カラーダンボール …………………… 75

き
- き キーフック …………………… 89,90
- キャップ …………………………… 9,65
- キャンドル …………………………… 98
- 牛乳パック …………………… 15,68,83
- キリ …………………………… 9,89

く
- く 茎を切る …………………………… 46
- クラゲ …………………………… 126
- グラデーション …………………… 65
- グルーガン ……… 50,77,80,98,99,117
- クレヨン …………………………… 99

け
- け 軽量紙粘土 …………………… 82,83

こ
- こ 工作用ボンド …………………… 83
- 工作用紙 …………………………… 75
- 氷 …………………………… 99

さ
- さ サインペン …………………………… 52
- 魚釣り …………………………… 27
- サカナの作り方 …………………… 21
- 笹 …………………………… 38,39
- 笹船 …………………………… 38
- ザル …………………………… 58
- サンドアート …………………… 65

し
- し シール …………………………… 12
- 磁石 …………………………… 27
- 自由研究 ……………… 129,137,140
- 樹脂粘土 …………………………… 99
- 定規 …………………………… 29
- 新聞紙 …………………………… 58,68

す
- す 吸い取り紙 …………………… 68
- 水車 …………………………… 45
- スタンプ …………………………… 65
- ストロー …………………………… 9,11
- 砂 …………………………… 58
- 砂絵 …………………………… 65
- 砂浜 …………………………… 58
- 砂を乾かす器 …………………… 58
- 砂を手に入れる …………………… 58

142

さくいん

スパンコール ……………………… 83
スパンコールテープ ……………… 83
スポンジ …………………………… 20
スポンジを切る ………… 21,22,24,25
せ 接着剤 ………………………… 51,77
セロハンテープ …………………… 15

た
た 台紙 ……………………………… 68
タオル ……………………………… 68
竹ひご ……………………………… 45
タコの作り方 ……………………… 24
多用途ボンド ……………………… 51
ダンボール ………………………… 68
タンポポの茎 ……………………… 45
ち チラシ …………………………… 68
つ 使い捨て皿 ……………………… 99
つまようじ …………………… 45,68
吊り金具 ………………… 89,90,96
釣り竿 ……………………………… 27
て テープ …………………………… 15
デコパージュ ……………………… 73
手袋 ………………………………… 99
と 動画 ………………………………… 8
銅ワイヤー ………………………… 83
ドライバー ……………………… 9,89

な
な 長い葉っぱ ……………………… 39

は
は 箱水族館 ………………………… 68
ハサミ …………… 9,15,20,68,99,58,68
葉っぱの葉柄 ……………………… 54
葉を折る …………………………… 40
針金 ………………………………… 45
ひ ビーチコーミング ………… 68,82,123
ビニールテープ ………………… 15,29
ビニール袋 ………………………… 58
ヒモ ………………………………… 18
平べったい石 ……………………… 54
ピンセット ………………………… 68
ふ フタつき容器 …………………… 82
プラスチックゴミ ………………… 91

ふるい ………………………… 58,59
プロペラ ……………………… 30,33
へ ヘアピン ………………………… 99
ペットボトル ………………… 9,29,58
ヘラ ………………………………… 65
ほ 棒 ………………………………… 27
保護テープ ………………………… 18
ボンド …………………… 77,89,99
ボンドスタンプ …………………… 65

ま
ま マジックテープ ………………… 27
マジックペン ………………… 29,52
マスキングテープ …………… 9,12,83
丸い石 ……………………………… 54
丸シール …………………………… 27
み 水切り板 ………………………… 68
水鉄砲 ……………………………… 8
水溶きのり ………………………… 65
め メラミンスポンジ ……………… 27
も 木製・貝殻キーフック ………… 89
木工用ボンド ……………………… 50

や
や ヤケド …………………………… 120
ヤスリ ……………………………… 56
ゆ 油性マジック ………………… 15,20,89
よ 用水路 …………………………… 48
葉柄 ………………………………… 55

ら
ら ラップ …………………………… 15
ラップの芯 ………………………… 65
ラミネートフィルム ……………… 73
ろ ロウソク ……………………… 98,99
ロウソク芯 ………………………… 99
ろうと ……………………………… 58

わ
わ 輪ゴム …………………………… 20,29
輪ゴムで結ぶ ………… 21,23,24,26
わりばし ………………… 27,29,99

143

[筆者＆引用元データ]

筆者および本書に掲載した記事の引用元サイトは以下の通りです。

筆者名	好奇心旺盛パパ(岡田 剛)
サイト名	子どもと一緒に楽しく作れるおもちゃ
URL	https://okapon-info.com//

筆者名	Arina
サイト名	おうちあそびより
URL	https://ouchiasobiyori.com/

筆者名	ももGX
サイト名	もぼにゃのらぼらとり
URL	http://momogx.com/

筆者名	hana
サイト名	a piece of dream*
URL	https://yumenokakera.com/

筆者名	千葉
サイト名	一人暮らし　今日も和顔愛語で
URL	https://ameblo.jp/kyoumoseikouudokude/

筆者名	Yuri
サイト名	いんすぴなび
URL	https://inspinavi.com/

筆者名	あつみ
サイト名	あつみ先生の保育日誌
URL	https://childcare-information.net/

筆者名	Hiro
サイト名	子どもに笑顔を
URL	https://smilekodomo.com/

(以上、掲載順)

本書の内容に関するご質問は、
①返信用の切手を同封した手紙
②往復はがき
③E-MAIL　editors@kohgakusha.co.jp
のいずれかで、工学社編集部あてにお願いします。
なお、電話によるお問い合わせはご遠慮ください。

サポートページは下記にあります。

[工学社サイト]
http://www.kohgakusha.co.jp/

I/O BOOKS

おうちの中でも外でも楽しめる　遊ぼう！飾ろう！水辺の工作
水鉄砲、葉っぱの船、貝殻の小物入れ、貝殻キャンドル……

2025年4月25日　初版発行　ⓒ2025	編　集	I/O編集部
	発行人	星　正明
	発行所	株式会社工学社
	〒160-0011　東京都新宿区若葉1-6-2 あかつきビル201	
	電話	（03）5269-2041（代）[営業]
		（03）5269-6041（代）[編集]
※定価はカバーに表示してあります。	振替口座	00150-6-22510

印刷：(株)エーヴィスシステムズ　　　　　　　　　ISBN978-4-7775-2298-9